CONFÉRENCES DE PERPIGNAN.

LEÇON D'OUVERTURE.

(11 Janvier 1867.)

Par M. CAMBOULIU

Professeur à la Faculté des lettres de Montpellier.

ARAGO PROFESSEUR ET ÉCRIVAIN

PERPIGNAN,

Imprimerie de Mlle A. TASTU, Place Laborie, 16.

1867.

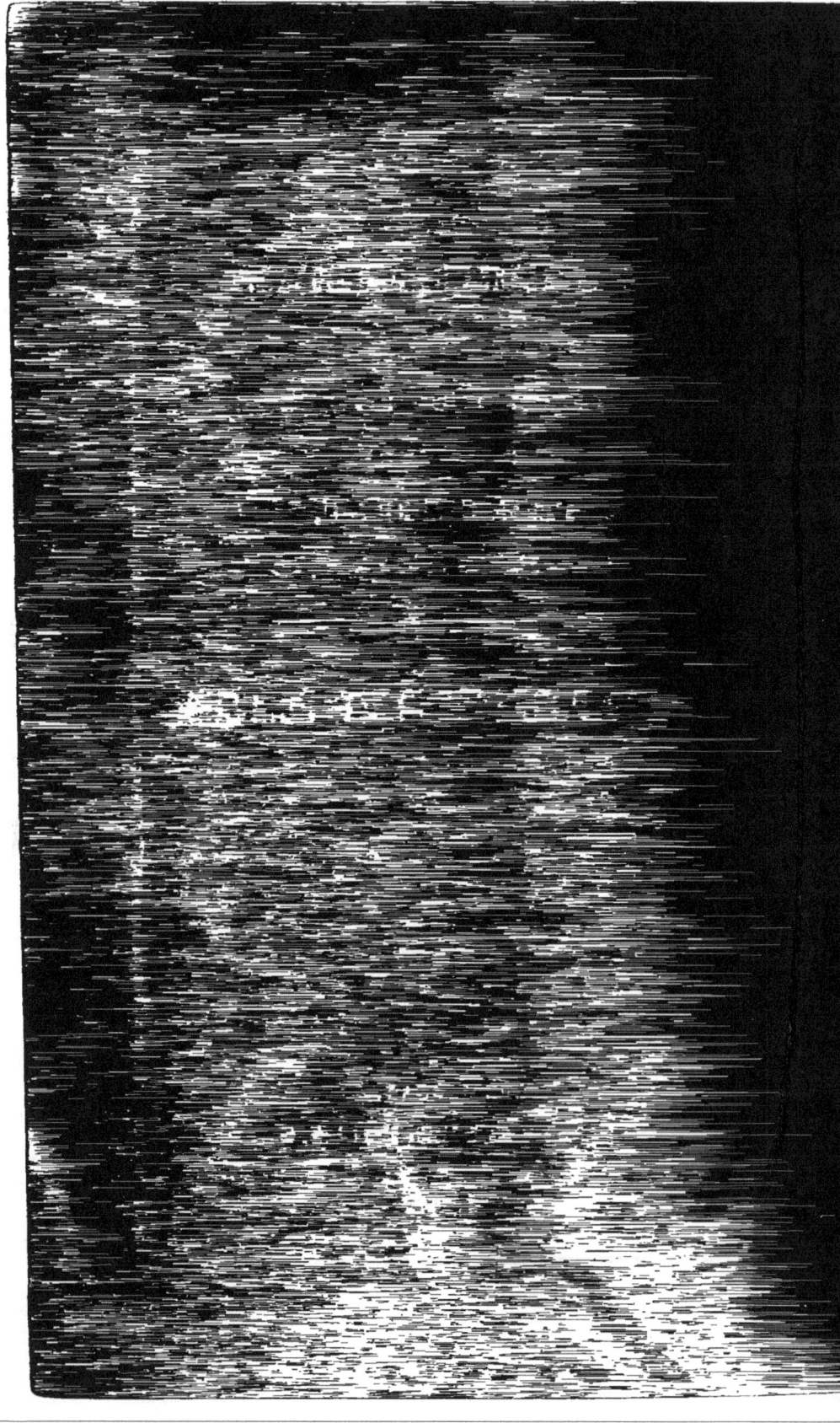

CONFÉRENCES DE PERPIGNAN.

CONFÉRENCES DE PERPIGNAN.

LEÇON D'OUVERTURE.

(11 Janvier 1867.)

Par M. CAMBOULIU,

Professeur à la Faculté des lettres de Montpellier.

ARAGO PROFESSEUR ET ÉCRIVAIN

PERPIGNAN,
Imprimerie de Mlle A. TASTU, Place Laborie, 16.

1867.

§ I.

Messieurs et chers compatriotes,

Laissez-moi vous dire, avant tout, combien je suis heureux et fier, en ma qualité de Roussillonnais, de l'accueil chaleureux que vous avez fait aux professeurs de divers ordres, mes collègues, qui ont bien voulu vous prêter, en cette circonstance, le concours de leurs lumières et de leur dévouement à la science. Cet accueil prouve que vous appréciez à sa valeur l'institution que nous inaugurons ce soir, et atteste en même temps votre gratitude pour toutes les personnes qui ont concouru à doter la ville de ce nouveau bienfait. Vous avez raison de vous montrer reconnaissants envers votre Maire, envers votre Conseil municipal qui, dans leur sollicitude éclairée pour tous les intérêts de la cité, n'ont pas songé seulement à vos fontaines, à vos promenades, à vos marchés, mais aussi à vos besoins moraux et intellectuels. Vous avez raison de vous montrer reconnaissants envers votre Préfet, qui, dès son arrivée parmi vous, a pris à cœur la prospérité matérielle et même l'illustration historique du pays, comme s'il vous connaissait depuis des années, comme s'il était un des vôtres. Permettez-moi de m'associer à vos sentiments et de me féliciter encore une fois, d'être né dans un pays qui, malgré son éloignement du centre de l'empire, n'entend pas cependant rester en dehors du grand mouvement intellectuel qui, sous l'impulsion de l'Empereur et sous la direction du Ministre de l'instruction publique, emporte la France vers des destinées plus hautes et meilleures.

Le sujet dont je me propose de vous entretenir était indiqué, commandé par les circonstances. Nous voici réunis dans le chef-lieu des Pyrénées-Orientales; nous fondons des conférences destinées à populariser les connaissances scientifiques et littéraires; celui qui a l'honneur de prendre le premier la parole devant vous est un homme du pays. Comprendriez-vous, messieurs, que je n'eusse pas songé tout d'abord, au savant illustre que le département se glorifie d'avoir produit : à François Arago? Il y a quelques années à peine, que sa tombe est fermée et que la postérité a commencé pour lui. Quelques notices biographiques et un travail d'une assez grande importance sur son génie scientifique, voilà, à ma connaissance, tout ce qui a été publié sur son compte; la matière est loin d'être épuisée. Les quatorze volumes laissés par notre compatriote peuvent encore donner lieu à des études intéressantes ; et j'aurais certainement excité votre surprise si, en quête d'un sujet pour cette leçon d'ouverture, j'étais allé chercher au loin ce que je trouvais dans le pays même.

Toutefois, Messieurs, — j'ai hâte de vous en prévenir — vous ne devez pas attendre de moi une étude complète, définitive. Des personnalités de cette taille ne se mesurent pas en une séance. Et puis, où seraient les connaissances spéciales dont j'aurais besoin pour apprécier la partie technique, purement scientifique de son œuvre ? Et s'il fallait toucher à ses écrits politiques, que deviendrait la loi salutaire que nous devons nous imposer, de n'aborder dans ces conférences que des matières purement scientifiques ou littéraires ? Voilà donc des côtés de mon sujet que je suis obligé de laisser dans l'ombre. A d'autres plus compétents ou placés dans des conditions différentes, le soin de les mettre en lumière et de les apprécier.

Mais le savant écarté, l'homme politique écarté, que reste-t-il d'Arago ? — Ce qui reste, messieurs ? A mon avis, ce qui reste c'est la meilleure partie de lui-même ; c'est le côté de son génie qui m'est le plus sympathique. Arago ne fut pas seulement un savant de premier ordre qui agrandit le domaine de la science et l'enrichit de découvertes précieuses ; ce ne fut pas seulement un personnage politique mêlé d'une manière plus ou moins heureuse aux affaires de son temps ; Arago fut encore et par dessus tout, un grand vulgarisateur. Il aima la science avec passion, avec idolâtrie. Il l'aima pour elle-même, pour sa grandeur, pour sa beauté intrinsèque. Il la voulut connue de tous, honorée de tous, souveraine du monde. Loin de fermer les portes du sanctuaire aux profanes afin de rester seul dans le secret des dieux, la passion de sa vie fut de recruter des adeptes pour les initier; de publier les mystères et de les mettre à la portée des intelligences les plus humbles. Disons-le, sans crainte d'être démenti : Arago est l'homme qui dans ces derniers temps a le plus contribué, par son enseignement et par ses livres, à populariser les connaissances scientifiques, à faire aimer et respecter la science et les savants. C'est par ce côté que je me propose de le considérer. C'est cette ardeur de propagande, avec les traits de caractère et les facultés intellectuelles qui la rendirent si efficace, que je veux étudier avec vous. Je parcourrai sa vie et ses écrits ; je noterai à mesure les actes et les paroles qui se rapportent à ce point de vue. Sa jeunesse nous montrera comment s'annoncent et se forment les grands vulgarisateurs, son âge mûr et sa vieillesse comment ils remplissent leur mission. Là, je serai sur mon terrain ; pour apprécier le professeur et l'écrivain il m'est permis de me croire compétent. D'autre part, je ne saurais mieux entrer dans l'esprit de ces conférences, dans l'esprit de cette croisade, organisée à l'heure qu'il est d'un bout à l'autre de la France, contre le préjugé, l'ignorance et l'erreur, qu'en montrant aux hommes de bonne volonté, capables d'y concourir, un grand exemple à suivre, un grand modèle à imiter.

§ II.

Il me serait facile de vous entretenir longuement des premières années de la vie d'Arago. Je n'aurais qu'à parcourir le charmant récit qu'il nous en a laissé lui-même dans son écrit intitulé : *Histoire de ma Jeunesse.* Mais cet écrit vous l'avez tous lu, comme moi. Disons donc sommairement et pour mémoire, qu'Arago naquit à Estagel en 1786 ; que son père ayant été nommé caissier de La Monnaie à Perpignan, vint se fixer dans cette ville avec toute sa famille, et que le jeune Arago suivit les cours du collége, comme externe. L'enfance des hommes célèbres n'annonce pas toujours leur grandeur future. Arago sur les bancs du collége fut un élève très-ordinaire. Il ne se distinguait en rien de ses camarades. Il n'était pas même fort en thème ; mais un détail à noter, pour nous qui étudions en lui le professeur et l'écrivain, c'est que ses premières études « furent presque exclusivement littéraires et que nos grands écrivains classiques faisaient l'objet de ses lectures de prédilection. » Il faudra nous en souvenir quand nous parlerons de son style. Ajoutons tout de suite que ce goût de la grande littérature persista durant toute sa vie. Ceux qui l'ont connu au plus fort de ses occupations scientifiques se souviennent de l'avoir entendu parler souvent avec admiration de nos meilleurs écrivains du xviie et du xviiie siècle, qu'il connaissait bien et qu'il citait à propos.

Sa vocation scientifique se révéla par suite d'une circonstance toute fortuite. Il se promenait sur les remparts de la ville. Il aperçut de loin un tout jeune officier sortant de l'Ecole polytechnique, qui dirigeait des travaux. Cette vue enflamme son ambition. Dès ce moment, il ne rêve plus que l'Ecole polytechnique et l'épaulette à vingt ans. Beaucoup de jeunes gens sont séduits par la même perspective ; mais combien en est-il qui soient capables du tour de force qu'Arago réalisa alors? Ne trouvant pas auprès des professeurs du collége, les secours qui lui étaient nécessaires, il entreprit d'étudier seul et sans maître, l'exigé de l'Ecole polytechnique. Seul, sans maître! Remarquez cette circonstance ; non pas seulement parce qu'elle indique une aptitude hors ligne, mais parce qu'elle nous révèle, en grande partie, le secret de cet art merveilleux, que nous admirerons plus tard chez lui, de mettre une idée à la portée du public.

Ah! jeunes gens, jeunes gens, qui n'avez jamais assez de maîtres, de leçons, de répétitions, si vous saviez la force cachée qui réside dans le travail personnel, dans la lutte corps à corps contre la difficulté! Se jeter seul, sans guide, dans les broussailles de la science; s'y débattre, s'y débattre encore jusqu'à ce qu'on les ait traversées dans tous les sens, quelle puissante gymnastique! C'est cela qui trempe les facultés de l'intelligence, qui en assouplit les ressorts! Les sauvages de je ne sais quelle île de l'Océanie s'imaginent que la force de l'ennemi qu'ils ont vaincu passe en eux. Cette superstition appliquée au labeur intellectuel est une grande vérité. Oui, on gagne réellement la force de la difficulté dont on triomphe, de la difficulté qu'on tue. Et dans les examens, dans les épreuves publiques, quelle assurance ne puise-t-on pas dans la conscience de ce savoir qui a poussé pour ainsi dire au dedans de soi au lieu de venir par le dehors! Qu'un examinateur, comme il peut s'en rencontrer, vienne vous dire brusquement : « Monsieur, si vous ne devez pas mieux répondre que vos camarades, il est inutile que je vous interroge. Retirez-vous, épargnez-vous la honte d'un échec. » — Combien trouvera-t-on de candidats qui osent répondre, comme fit Arago : « Monsieur, interrogez-moi, c'est votre devoir, quand au résultat, nous verrons bien. » Enfin, si l'on est amené par les circonstances à communiquer son savoir à un auditoire, ah ! comme on les connaît à fond ces routes de la science que l'on a parcourues sac au dos, et le bâton à la main. Un des esprits philosophiques les plus distingués de ce siècle a écrit quelque part : « je n'ai jamais bien su que ce que j'ai trouvé moi-même, » et un autre : « il n'y a pas de meilleur maître que celui qui n'a pas eu de maître. »

A la suite de l'examen auquel je viens de faire allusion, Arago entra à l'Ecole polytechnique. Il n'avait pas encore achevé son temps d'études, qu'il fut attaché à l'Observatoire, et chargé bientôt après avec M. Biot, d'aller prolonger la méridienne jusqu'à l'île de Formentera, l'une des Baléares.

Le champ de ses opérations embrassait non seulement les îles Baléares, mais encore la Catalogne, l'Aragon et le royaume de Valence. Ceux qui parcourent aujourd'hui ces contrées, sur des routes à peu près sûres, à travers des populations à peu près hospitalières, ne peuvent guère se faire une idée des difficultés qu'on y rencontrait en 1806. A cette époque, les brigands y régnaient conjointement avec le roi d'Espagne, bien que celui-ci, qui était le plus fort après tout, les fit traquer de temps en temps, et même écarteler quelque peu. Les évènements de 1808 vinrent créer de nouveaux embarras au jeune savant ; il se sauva à grand peine des mains de la population de Majorque, et se réfugia à Alger. Le consul de France l'embarqua sur un navire de la Régence qui fut pris par un corsaire Espagnol, en vue de Marseille. Ramené dans les ports de la Catalogne, en captif, Arago se trouva dix fois en danger de perdre la vie ; il se sauva toujours, grâce à son sang froid et à son courage qui ne l'abandonnaient jamais. Rendu à la liberté, il voguait de nouveau vers Marseille lorsqu'un coup de vent le rejette sur les côtes d'Afrique, où l'attendaient de nouvelles épreuves. Ces trois ou quatre années de sa vie forment une véritable Odyssée. Faut-il le plaindre d'avoir eu à poursuivre et à achever, à travers tant d'obstacles, la mission scientifique dont il était chargé? Faut-il se récrier contre la fortune? Je n'aurai garde, pour mon compte ; si j'avais à former des vœux pour un jeune homme dont l'avenir me serait cher, je lui souhaiterais à vingt ans, l'Odyssée d'Arago. Dans la vie, comme dans les études, je suis pour la lutte, pour la difficulté à vaincre, pour l'épreuve. Si nos maîtres nous donnent trop de leçons, nos mamans nous donnent trop de bonbons ; j'y voudrais un peu de pain sec mêlé. Cette éducation donnerait peut-être des cavaliers moins élégants, des bacheliers moins brillants, mais à coup sûr, des cœurs plus fermes, des hommes plus solides.

Au retour de son expédition, Arago fut nommé, presque en même temps, membre de l'Institut, professeur à l'École polytechnique et membre du Bureau des longitudes. Ici commence la seconde période de sa vie. Le cœur et la tête sont également formés. C'est un savant doublé d'un homme. Nous allons le voir à l'œuvre.

§ III.

Au nombre des obligations imposées par le règlement aux membres du Bureau des longitudes, figure celle d'ouvrir des cours publics dans l'amphithéâtre de l'Observatoire. Arago commença en 1813, dans cet établissement, un cours d'astronomie populaire qu'il continua presque sans interruption, jusqu'en 1845. La période la plus brillante de cet enseignement peut se placer entre les années 1830 et 1840. L'Observatoire rivalisait alors avec la Sorbonne, où l'on entendait les Cousin, les Guizot et les Villemain. C'était du reste le même auditoire, recruté dans toutes les classes de la société. On y voyait les ministres avec leurs femmes, des banquiers, des gens du monde, des artistes, des étudiants. On venait en foule, on se pressait sur les bancs; l'heure sonnait, le professeur paraissait dans sa chaire.

Arago était alors dans la maturité de l'âge et du génie. Il avait cette beauté de l'homme mûr plus frappante, quand elle se rencontre, que la beauté de la jeunesse, parce qu'elle ne peut résulter que des belles proportions du corps et de la plénitude de la vie qui rayonne au travers. Avec ses cheveux, encore noirs, tombant sur ses épaules, son teint bronzé, ses yeux d'une vivacité extraordinaire, son attitude simple et digne, il captivait l'auditoire par sa seule présence. Il prenait la parole : sa voix était sonore, timbrée; sa prononciation nette, distincte; on ne perdait pas une syllabe. Sans négliger la partie oratoire de sa leçon, Arago n'était pas homme cependant à calculer, plusieurs jours à l'avance, l'effet d'un geste, d'une inflexion de voix; il s'en remettait volontiers pour tous ces accessoires à l'inspiration du moment, aux petits bonheurs de l'improvisation. Sa grande préocupation, c'était d'être clair, d'être compris. Il ne pensait pas à lui, mais à la science. Il ne voulait pas qu'on dit en sortant : « Arago est un homme qui parle bien, » mais : « l'Astronomie est une belle chose. » Aussi c'était merveille de le voir descendre jusqu'à son auditoire, le prendre par la main, lui montrer la voie, marcher le premier, se retourner souvent pour s'assurer qu'il était suivi. On montait, on montait.... et arrivé au sommet, au point culminant de la question, le professeur montrait l'horizon d'un geste et disait : « Voyez-vous ? » — Et l'on voyait. On sortait ravi, enchanté. Le soir, dans les salons, des dames même se surprenaient en riant, à parler orbite et paralaxe. On frappait des médailles en l'honneur du professeur.

Cet enseignement si universellement goûté avait pourtant un censeur. — Esprit morose, difficile, toujours critiquant, jamais satisfait. — Ce censeur, c'était Arago. « J'ai la manie de faire des leçons, dit-il quelque part, et d'être toujours fort mécontent de celle que je viens de faire. » Vous savez, Messieurs, ce que signifie un pareil mécontentement. C'est le mécontentement d'un esprit supérieur, trop épris d'un idéal qu'il ne peut atteindre, et qui satisfait tout le monde, sans pouvoir se satisfaire lui-même.

Mais peut-être que les matières qu'abordait Arago, devant cet auditoire d'amateurs, se bornaient à ces notions élémentaires d'astronomie comme on en trouve dans les almanachs? Peut-être aussi qu'à l'exemple de Fontenelle dans la pluralité des mondes, il se bornait à exposer les résultats de la science en laissant de côté les théories et les démonstrations?

— Rien de plus facile, encore aujourd'hui, que de se former une idée exacte de la nature de cet enseignement, on n'a qu'à ouvrir *le Cours d'Astronomie Populaire* qui en est le résumé à peu près textuel.

J'avoue à ma honte que je n'avais jamais lu cet ouvrage. Je l'ai parcouru pour la première fois à votre intention. Or, sans être astronome, ni en passe de le devenir, il ne m'a pas fallu longtemps pour m'apercevoir que c'était bien en effet la science des astres, avec tout son cortège de théorèmes et de démonstrations, que j'avais sous les yeux. A la vérité je m'y attendais un peu, car j'avais lu, dans la préface, que l'auteur se proposait d'embrasser dans ce cours, l'astronomie tout entière. Mais ce à quoi j'étais loin de m'attendre, ce qui m'a étonné, confondu, c'est que tout ce que j'ai pu lire avec un peu d'attention, je l'ai compris. Et ne croyez pas que je m'en sois tenu aux préliminaires, à la science du bonhomme Jourdain, qui voulait seulement savoir quand est-ce qu'il y a de la lune et quand est-ce qu'il n'y en a pas. J'ai poussé bien au delà de la lune, bien au delà des planètes, jusqu'à atteindre les étoiles les plus éloignées. Et à propos de ces étoiles; vous avez lu ou entendu dire qu'il est des astres, si prodigieusement éloignés de la terre, qu'il faut à leur lumière plusieurs années, des centaines d'années, des milliers d'années, pour nous parvenir. Cela dépasse l'imagination, dites-vous, mais il faut bien en croire les astronomes. — Eh bien, Messieurs, moi, professeur de littérature ancienne, à peu près étranger aux mathématiques, je suis en mesure de démontrer le fait. Ne m'admirez pas trop, ne me portez pas envie; car demain, si vous voulez, vous en ferez autant. Vous n'avez qu'à lire avec soin le neuvième livre de *l'Astronomie populaire* où cette question est traitée d'une manière spéciale.

Ah! si Arago pouvait nous entendre, comme il se tournerait fièrement vers ses confrères de l'Institut, qui lui soutenaient qu'on ne pouvait enseigner l'astronomie qu'à des gens qui savaient la trigonométrie et le calcul différentiel. « Eh bien! leur dirait-il, ce que vous déclariez impossible est fait; voilà des aveugles qui voient. » Oui, Messieurs, nous autres, aveugles, ou à peu près, en mathématiques, nous voyons clair dans *l'Astronomie populaire*, d'où vient cela? qu'est-ce qui fait le miracle? deux choses: la méthode et le style.

On dit généralement qu'il n'y a qu'une voie pour arriver à la vérité. Ce mot, comme beaucoup d'autres, n'est qu'un mot. En réalité on arrive à la vérité par différents chemins, plus ou moins courts, plus ou moins faciles; cela dépend de l'habileté du guide. Ce qui caractérise la méthode d'Arago, ce qui en fait une méthode véritablement élémentaire, c'est le point de départ. Au lieu de s'appuyer sur quelqu'une de ces vérités abstraites, dont les formules effrayent par leur aspect cabalistique, Arago s'arrange toujours de manière à partir d'une vérité du sens commun, ou d'une expérience vulgaire très-facile à vérifier; puis, par des procédés à lui, il imprime à ces notions communes la rigueur et la précision scientifiques, et le voilà en route. Dans sa belle notice sur le tonnerre, il entreprend de faire calculer à ses lecteurs la durée d'un éclair et de leur faire comprendre que cette durée n'égale pas la dix millième partie d'une seconde; vérité tout-à-fait contraire à l'apparence. Savez-vous d'où il part? d'un jeu d'enfant; de ce jeu qui consiste à produire un ruban continu de lumière en faisant tourner rapidement un bâton enflammé par le bout. Je passe au style.

Je pourrais vous dire en deux mots que le style d'Arago est clair, précis, etc., mais cela ne nous apprendrait pas grand chose. Sans vouloir faire ici le grammairien, je dois entrer plus avant dans la question. Et d'abord, le savant, l'homme qui écrit sur la science, doit-il se préoccuper du style? C'est une question qui a été posée quelque fois et résolue en divers sens, même dans l'antiquité. Chez nous autres Français, dans la patrie des Buffon, des d'Alembert, des Cuvier, des Vicq d'Azir et de tant d'autres, elle est résolue par le fait. L'exemple de ces maîtres de la science a fait loi. Les savants actuels se font un honneur et un devoir de marcher sur leurs traces, et, sans sortir de notre Académie, nous pourrions citer parmi les dernières publications scientifiques celles des Bouisson, des Martins, des Fonssagrives, comme se distinguant par le mérite de la forme autant que par la solidité du fond.

Pour en revenir à Arago, il n'y a qu'à ouvrir au hasard un de ses livres pour s'apercevoir qu'il ne laisse pas courir sa plume à l'aventure. Son style, comme sa méthode, est approprié au but suprême qu'il s'est proposé : être compris du plus grand nombre.

La clarté du style, considérée dans les écrits scientifiques, est chose essentiellement relative. Ce qui est parfaitement clair pour un savant peut être très-obscur, même pour un esprit cultivé mais étranger à la science. Il n'y a rien de plus clair pour le savant que l'expression abstraite et le mot technique ; pour le commun des esprits, c'est précisément ce qu'il y a de moins intelligible. Si l'on veut se mettre à la portée de ceux-ci, il faut substituer à l'abstraction l'expression concrète, l'image, la méthaphore, et, aux termes techniques la périphrase, c'est-à-dire la description de l'objet ou l'analyse de l'idée. C'est ce qu'on remarque la plupart du temps dans le style d'Arago. Quand il nous parle des grands phénomènes de la nature, on dirait le premier venu d'entre nous qui aurait voyagé dans les espaces et qui, à son retour, raconterait les merveilles qu'il aurait vues dans la langue de tout le monde.

Chacun sait qu'il y a un art de construire un vers ou une période oratoire, de manière à mettre en relief le mot le plus important, le mot capital, le mot qui sert. Les rhétoriques insistent avec raison sur ce point, et Boileau en parlant de Malherbe l'a justement loué de ce que :

« D'un mot mis en sa place il montra le pouvoir. »

Cet art, qui n'est pas moins nécessaire à l'écrivain scientifique populaire qu'à l'orateur ou au poète, Arago le possède au suprême degré. Dans sa phrase il y a presque toujours un mot en vue, qui se comprend et se retient sans difficulté ; il y a le trait de lumière qui éclaire et qui guide, il y a le point culminant d'où l'on aperçoit l'idée qui s'en va et celle qui vient. Certes, un lecteur au courant de la science n'a que faire de tous ces artifices. Il saura bien démêler du premier coup-d'œil, dans une phrase, l'essentiel de l'accessoire. Mais nous, simples mortels qui arrivons là sans autre secours que nos deux yeux et notre gros bon sens, nous avons besoin qu'on nous signale, qu'on nous souligne le fait capital, non pas en nous arrêtant à chaque instant pour nous dire : « Notez ceci, retenez cela »; mais par le seul mouvement du style, par la seule direction imprimée au courant de la pensée.

Un autre fait qui nous frappe encore dans le style d'Arago; c'est l'exactitude et le pittoresque des descriptions. Personne ne décrit d'une manière à la fois plus animée et plus précise. Ecoutez ce début de sa belle notice sur la pluie :

« La vaste étendue d'eau qui recouvre près des trois quarts de notre planète donne incessamment naissance à une énorme quantité de vapeurs qui, partant de la surface de la terre, s'élèvent vers les régions supérieures de l'atmosphère dont notre globe est entouré. Parvenues à des hauteurs variables avec les lieux, avec la température, avec les courants d'air, ces vapeurs se condensent, forment les nuages, puis se résolvent en gouttes de pluie qui, obéissant aux lois de la pesanteur, retombent sur la terre. »

Ecoutez encore cette description d'une trombe :

« Une trombe a été vue le 9 juin 1830, à neuf heures du matin, sur le lac de Neufchâtel. D'un nuage immobile et noir, élevé d'environ 26 mètres, descendait perpendiculairement une colonne cylindrique de couleur gris foncé, qui aboutissait à la surface du lac. On remarquait à la base et au sommet de cette colonne une grande agitation ; on entendait un bruit sourd et on voyait les eaux du lac monter rapidement par cette espèce de siphon jusqu'au nuage qui blanchissait à mesure qu'il recevait les eaux. Après 7 à 8 minutes, un vent du Nord-Est poussa la colonne qui se courba par son milieu; enfin elle se rompit. A l'instant le nuage supérieur, agité et comprimé par le vent creva et laissa tomber une pluie qui paraissait un déluge. »

Remarquez son procédé, Messieurs, il peint non pas en accumulant des épithètes et des métaphores, mais en suivant pas à pas le phénomène dans son développement, ce qui est la manière des maîtres.

§ IV.

Les qualités éminentes que révèlent les cours de l'Observatoire et le traité d'*Astronomie populaire*, quelque nombreuses qu'elles soient, quelque précieuses qu'on les juge, ne suffiraient pas cependant à elles seules pour constituer le grand vulgarisateur que nous avons annoncé. Pour avoir dans son entier, pour contempler dans tout son jour ce grand côté du génie d'Arago, il faut le suivre sur un autre théâtre, il faut le considérer comme secrétaire perpétuel de l'Académie des sciences.

Le secrétaire perpétuel de l'Académie des sciences est chargé d'une double fonction : premièrement de rendre compte à la société, des lettres et mémoires qui lui sont adressés ; secondement, de prononcer dans les séances solennelles, l'éloge des académiciens récemment décédés. Je dirai plus loin un mot des comptes rendus d'Arago. Je vais m'occuper tout d'abord de ses éloges.

« Croyez-vous, par hasard, que je vais m'amuser à faire des éloges à la Fontenelle, » disait un jour Arago à un de ses amis ? Ces paroles n'exprimaient pas, je crois, dans sa pensée, un sentiment de dédain qu'il serait bien difficile de concilier avec les termes flatteurs dont il se sert toutes les fois qu'il a occasion de parler de son ancien confrère ; Arago voulait dire par là, tout simplement, que l'esprit de notre époque, plus sérieux, plus positif, n'exigeait plus, ne comportait même plus tous ces traits d'esprit, toutes ces allusions à demi voilées, toute cette parure littéraire dont Fontenelle aimait à embellir ses compositions. La vérité sur les hommes et sur les choses, tel devait être de nos jours le principal ornement, le seul ornement d'un éloge. « Le ministère que je remplis ici, au nom de mes collègues, dit-il dans l'éloge de Fresnel, doit être exact et sévère comme les sciences dont ils s'occupent. » Et ailleurs : « nos éloges comme nos mémoires doivent avoir pour base et pour objet la vérité. » Pour arriver à cette vérité tant souhaitée, il n'épargnait ni soins, ni peines ; jusqu'à entreprendre de longs voyages pour aller recueillir sur place des renseignements exacts. Aussi les éloges d'Arago passent-ils généralement pour des chapitres complets et définitifs de l'histoire des sciences dans ces derniers temps.

Des deux éléments essentiels d'un éloge, la vie du personnage et ses travaux, c'est aux travaux qu'Arago s'attache de préférence. Il les expose avec soin, avec exactitude, avec tous les développements nécessaires pour les mettre à la portée du nombreux public des séances solennelles ; et cela, non pas seulement par esprit de justice et afin d'assurer au confrère qu'il loue la part légitime de gloire qui lui revient, mais encore dans un but de propagande, de popularisation. « A une époque, dit-il, où les cours du Collège de France, de la Sorbonne, du Jardin des Plantes, attirent une si grande affluence d'auditeurs, il m'a semblé que l'Académie des sciences pouvait elle-même entretenir le public qui veut bien assister à ses réunions, de quelques unes des questions variées dont elle s'occupe. » C'est le vulgarisateur qui perce sous l'orateur. Je n'ai pas besoin de vous dire avec quel succès il réalise sa pensée. Lisez dans l'éloge de Watt la question de la vapeur, l'invention des machines, l'histoire de leurs perfectionnements successifs ; je ne dis pas que l'on comprend, je dis qu'il est impossible de ne pas comprendre.

Dans la vie de ses personnages, ce qu'il se plait à relever, à mettre en lumière avant toutes choses, ce sont les actes et les paroles qui impliquent l'honnêteté et l'élévation des sentiments. Rien ne le transporte comme le spectacle de la science unie à un noble caractère. Rien ne l'afflige comme de la voir dégradée par la bassesse des instincts ou les mauvaises mœurs. Dans l'éloge de Bailly il rencontre sur son chemin le fameux Marat. Marat était parvenu, un peu avant la Révolution, à se faire une réputation de savant. Il faut voir avec quelle verve indignée il le dépouille de ce noble titre « dont les gens du monde et les historiens eux-mêmes l'ont inconsidérément gratifié, » comme il est heureux de prouver que le prétendu savoir du sanglant tribun, du farouche ami du peuple n'était que du charlatanisme ! Par contre, dans ce même écrit, avec quelle ardeur, avec quelle éloquence, il défend l'ancien maire de Paris contre les imputations qui pèsent sur sa mémoire.

Un autre sentiment qu'il aime encore à rencontrer dans le cœur de ses confrères, c'est l'amour de l'humanité, la bienfaisance. A ses yeux « une bonne action vaut un bon mémoire, et il n'est pas pour le savant de plus noble emploi de ses veilles que de les consacrer à l'amélioration du sort des classes souffrantes et malheureuses. » Le chimiste qui cherche les moyens les plus économiques de faire d'excellents sorbets et de bons bouillons pour tous les jours de l'année, ne lui semble pas faire un mauvais emploi de son temps. Il n'est pas jusqu'à la gaîté et à la bonne humeur qu'il ne remarque et qu'il ne loue, quand l'occasion s'en présente. La science ne doit pas avoir cet air rogue et cette mine rébarbative qui fait peur au monde. Il faut qu'on sache qu'un savant est un homme comme un autre, aussi aimable, aussi sociable qu'un autre.

Je voudrais insister, mais je crains de fatiguer votre attention. Je voudrais vous montrer par des citations comment le style d'Arago, si clair, si exact, si précis, dans les matières scientifiques, s'anime, se colore et s'élève jusqu'à la véritable éloquence, quand le sujet le comporte. C'est qu'Arago était un homme de cœur en même temps qu'un savant. Les études abstraites n'avaient pas desséché en lui les sources de la vie morale. Tel nous l'avons vu dans sa jeunesse, ferme dans les épreuves, bravant allègrement les dangers, plein de bonté pour tout le monde et de tendresse pour les siens, tel nous le retrouvons en cheveux blancs dans le petit salon de l'Observatoire. Là, entouré d'une famille dont il est l'idole, il reçoit, il accueille les visiteurs avec une simplicité, une bonne grâce qui lui gagne d'abord les cœurs. Puis vient le charme de sa conversation et ses récits piquants qui ne tarissent pas et qui ne lassent jamais. On lui a reproché d'être un peu vif, un peu passionné, de ne pas aimer la contradiction. Peut-être n'est-ce pas sans raison, et je ne chercherai pas à l'en disculper. Il était des nôtres; et dans ce pays, il faut bien l'avouer, nous avons le sang chaud, l'humeur prompte, mais avec un fonds de bonté qui est la note dominante de notre caractère. Vous ne me démentirez pas? Avez-vous vu quelquefois, par un beau jour d'été, notre Canigou se rembrunir brusquement, appeler les nuages des quatre coins de l'horizon et s'en envelopper en grondant? Ce n'est qu'une horrible masse noire sillonnée d'éclairs. On n'entend que foudres et coups de tonnerres et torrents bondissants qui se précipitent dans la plaine avec un vacarme effroyable. N'ayez pas trop peur. Mettez-vous là sous cet arbre, à l'abri, pour quelques instants. Vous verrez bientôt le vieux mont terrible reparaître dans sa première sérénité, honteux de ses emportements et ayant l'air de vous en demander pardon. Voilà comment nous sommes.

Arago avait conservé jusqu'à l'âge de 60 ans et

plus, toute la vigueur, toute la vivacité, toute l'activité de la jeunesse. Un jour vint où il s'affaissa. Il s'affaissa sous le coup de la maladie, peut-être aussi l'âme navrée par le spectacle de nos discordes civiles. Cet édifice politique qu'il avait rêvé toute sa vie, qu'il avait tant contribué à élever de ses mains, il le vit s'écrouler dans le sang. Il entendit le cri de détresse de la patrie en danger ; il descendit dans la rue, et dans les rangs ennemis, il eut la douleur de reconnaître ceux qui la veille le saluaient de leurs acclamations et qu'il appelait lui-même des frères. Il alla à eux, la main ouverte, avec des paroles de conciliation et de paix. « Retirez-vous, lui criait-on de tout côté, vous allez vous faire tuer. » — Eh ! qu'importe, ne suis-je pas assez vieux pour faire un cadavre. »

A partir de ce jour, sa santé déclina rapidement. Bientôt il perdit la vue, mais ce malheur ne l'empêcha pas de remplir, comme par le passé, ses fonctions de secrétaire de l'Académie. Il se faisait lire le correspondance chez lui, il la méditait, il la répétait, puis on le conduisait à l'Institut. Il s'asseyait à sa place ; on venait saluer le patriarche de la science ; il reconnaissait les gens à la voix, à la démarche ; il prenait la parole pour faire son compte-rendu, et telle était encore la lucidité de ses expositions, que les auteurs de communications ou de mémoires aimaient mieux voir leurs pensées interprêtées par lui que de les inteprêter eux-mêmes. Il mourut pour ainsi dire sur son fauteuil d'académicien le 2 octobre 1853.

« Le bien qu'on fait par les sciences a des racines plus profondes que celui qui nous vient de toute autre source. Il n'est pas sujet à ces fluctuations, à ces caprices soudains, à ces mouvements rétrogrades qui portent si souvent la perturbation dans la société. » Au moment où il écrivait ces lignes dans l'éloge de Condorcet, en 1841, Arago avait-il déjà éprouvé quelque mécompte politique ? pressentait-il seulement les tristes déceptions que l'avenir lui réservait ? Ce qui est certain, en tout cas, c'est que le bien qu'il a fait par la science est, en effet, la partie la plus durable de son œuvre, son titre de gloire le plus solide et le plus incontesté. C'est là ce qui lui valut, à sa mort, les regrets unanimes de la France ; c'est là ce qui réunissait naguère autour de sa statue, dans sa ville natale, toutes les nuances de l'opinion, toutes les classes de la société ; c'est là enfin ce qui me permet de le louer ce soir dans cette enceinte, et de le donner en exemple aux jeunes générations. Les services qu'il a rendus comme professeur à l'Observatoire, comme secrétaire perpétuel de l'Académie des sciences, comme auteur de tant de publications destinées à populariser des connaissances qui avaient été jusque là le partage des seuls savants, ces services seront appréciés dans tous les temps et partout où la science sera en honneur. Il semble toutefois, qu'ils doivent l'être d'une manière toute particulière à des époques comme la nôtre, où l'obligation morale d'instruire ceux qui ignorent devient, par l'effet des circonstances, un intérêt social de premier ordre.

Un immense mouvement démocratique, sorti des flancs de 89 — irrésistible désormais, invincible — roule un peu tumultueusement encore sur les pentes de l'histoire. Des mains habiles, puissantes, lui ont creusé un lit; mais il faut prévoir, il faut prévenir les débordements futurs. De cette foule d'hommes, récemment et définitivement émancipés, il faut se hâter de faire un peuple. Il faut se hâter d'élever les natures les plus incultes à la dignité du citoyen. Dans le pays du suffrage universel, rien n'est plus urgent que d'universaliser le sentiment du vrai et du juste. Or, je ne sais rien qui puisse autant contribuer à ce résultat que la diffusion des lumières. Je vous dénonce un ennemi public ; je vous dénonce le fauteur de toutes les haines, de toutes les jalousies, de toutes les discordes sociales, je vous dénonce l'adversaire le plus dangereux de nos institutions démocratiques : l'ignorance. Donc, debout et à l'œuvre, hommes de bonne volonté et de savoir, vous qui possédez les trésors de la science, donnez à ceux qui n'ont pas ; répondez à l'appel du Ministre, inspirez-vous des sentiments de notre compatriote, étudiez ses méthodes, et faites qu'un jour on puisse dire de vous, comme de lui : par son amour de la science, par son ardeur à la répandre, il mérita bien de la patrie, il mérita bien du genre humain.

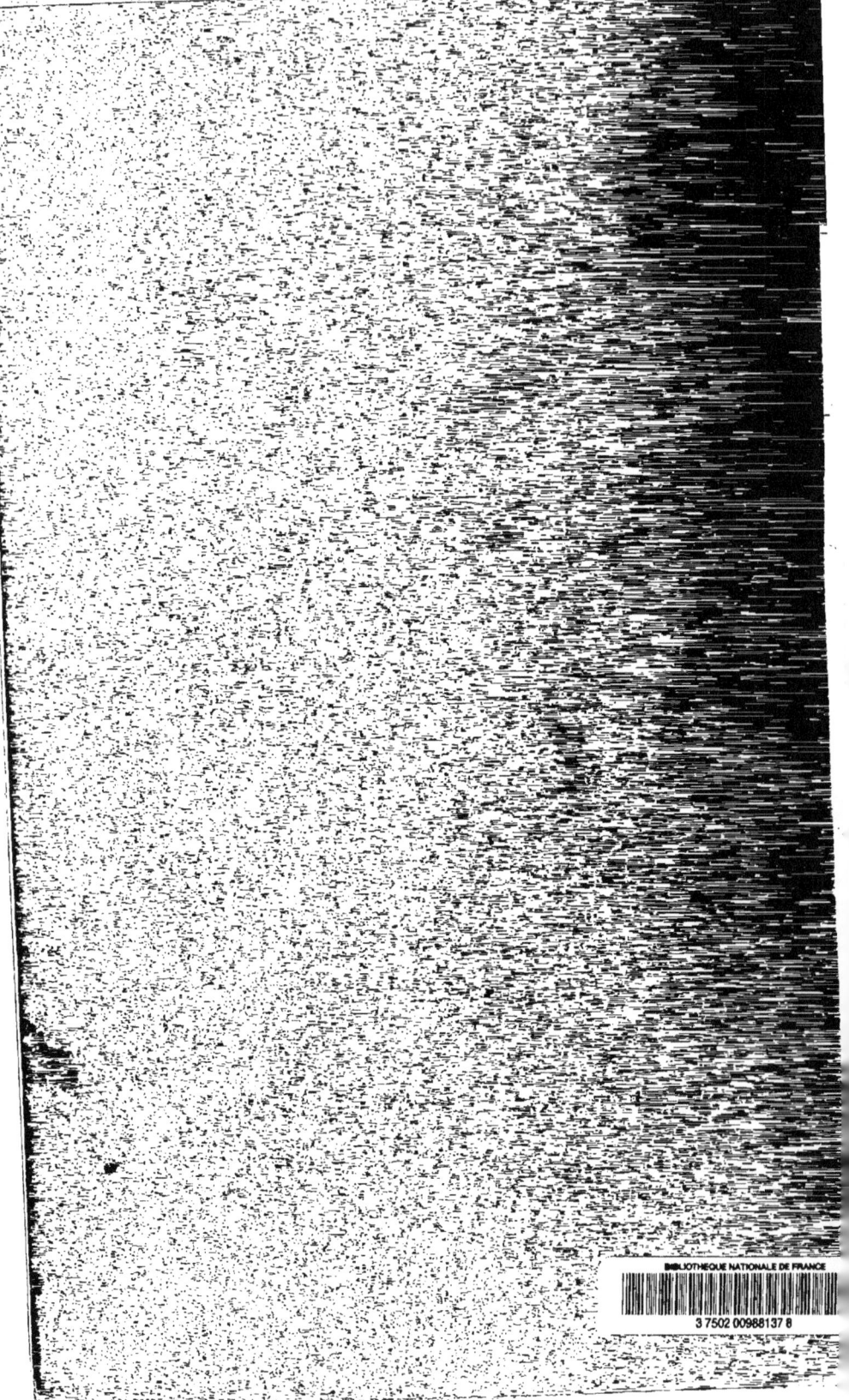

www.ingramcontent.com/pod-product-compliance
Lightning Source LLC
Chambersburg PA
CBHW060510050426
42451CB00009B/902